AF591534

Ce livre est du monre
de la vison Ste Marie
de challiot couverte de
cuir

LE VRAY MIROIR DE LA PIETE CHRETIENNE,

Où l'on peut voir la suite & la liaison des veritez Catholiques, touchant la Predestination & la Grace, & leur accord avec la liberté de la volonté humaine.

Le tout fidelement extrait des Ecrits de Saint François de Sales, Evesque & Prince de Geneve. Et opposé à la Doctrine pernicieuse d'un Libelle auquel on a faussement donné le titre de *Miroir de Pieté*.

A ROVEN,
Chez EUSTACHE VIRET, Imprimeur ordinaire du Roy, dans la Cour du Palais.

M DC LXXVIII.

PREFACE.

Quelques Personnes vertueuses & zelées pour la foy, ayant veu les Reflexions Catholiques sur Le Miroir de Pieté, *ont estimé que ce n'étoit pas assez d'avoir montré les erreurs de ce Libelle, mais qu'il étoit necessaire de faire entendre les veritez qui leur sont opposées; afin que les fideles connoissent, non seulement ce qu'ils doivent rejetter, mais aussi ce qu'ils peuvent tenir avec assurance sur les matieres de la Predestination & de la Grace.*

Il est bien vray qu'il eût été à desirer, que l'on eût imité la moderation de nos ancestres, qui se contentoient de croire simplement en general, ce que l'Eglise a déterminé sur ces matieres obscures & difficiles, & en laissoient la recherche plus particuliere aux Docteurs.

Mais puisque les Auteurs & Promoteurs des divisions qui ont troublé depuis quelque temps l'Eglise, ont pris de là occasion de répandre leur mauvaise doctrine; se servant même de l'obscurité & de la difficulté de ces choses, pour surprendre & seduire les esprits curieux & credules ; le plus souverain remede qu'on y peut apporter, aprés avoir mis en évidence la malignité de cette nouvelle doctrine, est d'expliquer & éclaircir celle qui est conforme à la verité.

Or pour le faire briefvement, & neanmoins solidement, on a jugé qu'on ne pouvoit mieux réüssir, ny donner une satisfaction plus entiere au Lecteur Catholique, qu'en luy proposant sur ce sujet, les sentimens d'un saint Prelat, tres sçavant, & tres versé sur ces matieres ; c'est le tres illustre Evesque de Geneve, Saint François de Sales, lequel par son érudition, aussi bien que par la sainteté de sa vie, a cooperé à la conversion de plus de soixante & dix mille Heretiques, ainsi qu'il est rapporté dans la Bulle de sa Canonisation.

Les plus celebres personnages de ce siecle ont reconnu, que la doctrine de ce saint Evesque, & particulierement celle, qui est contenuë dans son Traité de l'amour de Dieu, étoit comme le preçis de la plus sublime Theologie des saints Peres, qu'il avoit étudiée durant une longue suite d'années, que son zele luy avoit fait employer à l'extirpation des Heresies, & à l'avancement du Royaume de Jesus Christ. L'on trouve dans ses Ecrits une tres solide erudition, jointe à une tres-grande facilité & suavité : les plus profonds Mysteres de nôtre Foy y sont expliquez & proposez avec une douce lumiere, qui éclaire l'esprit, & qui penetre jusques dans le cœur : & l'on peut dire de luy, comme on a fait, d'un grand Saint, & grand Docteur de l'Eglise, qu'en enseignant la verité, il inspire l'amour & la charité : ce qui est une marque toute singuliere de la Grace Divine, qui operoit en luy & par luy ; & un témoignage, qu'il semble que le S. Esprit ait voulu rendre, de la solidité & sainteté de sa doctrine.

C'est donc des Ecrits de ce saint Evêque, & particulierement de son Traité de l'Amour de Dieu, que nous rapporterons icy quelques Extraits, pour faire connoître ce que l'on peut tenir avec toute asseurance, touchant les matieres de la Predestination & de la Grace, qu'il explique avec une telle facilité, netteté & clarté, que les plus difficiles & obscures veritez de la Theologie, qui a grande peine peuvent être digerées par les plus forts entendemens, se srouvent comme changées en un lait doux & suave, que les esprits plus mediocres pourront goûter, non seulement sans peine, mais même avecplaisir & consolation.

Le Lecteur Catholique trouvera un sujet de satisfaction & d'édification s'il se donne la patience d'écouter ce Saint Prelat qui luy expliquera nettement & distinctement les veritez de la plus haute Theologie, & luy fera connoître la conduite admirable, & neanmoins toute aimable de Dieu, dans la distribution de ses Graces, & dans l'ordre de sa predestination; d'où il aura sujet de tirer des motifs d'une vraye & solide pieté qui le porteront à une affectueuse reconnoissance des Divines misericordes; & à une genereuse resolution de cooperer fidellement aux attraits de la Grace de Dieu, & correspondre avec courage aux desseins qu'il a eus de toute éternité pour son salut.

LE
VRAY MIROIR
DE LA
PIETE' CHRESTIENNE,

Où l'on peut voir la suite & la liaison des veritez Catholiques, touchant la Predestination & la Grace, & leur accord avec la liberté de la volonté humaine.

Le tout fidelement extrait des Ecrits de Saint François de Sales, Evesque & Prince de Geneve. Et opposé à la Doctrine pernicieuse d'un Libelle auquel on a faussement donné le titre de *Miroir de Pieté*.

ARTICLE I.
Que Dieu a une vraye volonté de sauver tous les Hommes.

Cette verité se trouve exprimée au Chapitre 4. du livre 8. de l'amour de Dieu, en ces termes.

A

Dieu nous a signifié en tant de sortes, & par tant de moyens, qu'il vouloit que nous fussions tous sauvez, qu'aucun ne le peut ignorer. C'est à cette intention qu'il nous a fait à son image, & semblance, par la creation, & qu'il s'est fait à nôtre image & semblance en son Incarnation : aprés laquelle, il a souffert la mort pour racheter toute la race des hommes, & la sauver : ce qu'il fit avec tant d'amour, que comme raconte le grand S. Denis Apôtre de la France, il dit au saint homme Carpus, qu'il étoit prest de pâtir encore une fois, pour sauver les hommes, & que cela luy seroit agreable, s'il se pouvoit faire sans le peché d'aucun homme.

Or bien que tous ne se sauvent pas, cette volonté neanmoins ne laisse pas d'être une vraye volonté de Dieu, qui agit en nous selon la condition de sa nature & de la nôtre. Car sa bonté le porte à nous communiquer liberalement les secours de sa grace, afin que nous parvenions au bon-heur de sa gloire : mais nôtre nature requiert que sa liberalité nous laisse en liberté de nous en prevaloir pour nous sauver, ou de les mépriser pour nous perdre, &c.

Regardons donc cent fois le jour cette amoureuse volonté de Dieu, & fondant nôtre volonté sur icelle, écrions-nous devotement, ô bonté d'infinie douceur, que vôtre volonté est aimable ! Que vos faveurs sont desirables ! Vous nous avez creés pour la vie éternelle, & vôtre poictrine maternelle enflée des mammelles sacrées d'un amour incomparable abonde en lait de misericorde, soit pour pardonner aux penitens, soit pour perfectionner les Justes.

Hé ! pourquoy donc ne colons nous pas nôtre volonté à la vôtre, comme les petits enfans s'attachent au chicheron du tetin de leurs meres, pour ſuccer le lait de vos éternelles benedictions ?

Theotime, nous devons vouloir nôtre ſalut, ainſi que Dieu le veut : Or il veut nôtre ſalut, par maniere de deſir ; & nous le devons auſſi inceſſamment deſirer, enſuite de ſon deſir. Et non ſeulement il veut, mais en effet il nous donne tous les moyens neceſſaires pour parvenir au ſalut : & nous enſuite du deſir que nous avons d'être ſauvez, nous devons non ſeulement vouloir, mais en effet accepter toutes les graces qu'il nous a preparées, & qu'il nous offre.

Il ſuffit de dire je deſire d'être ſauvé, mais il ne ſuffit pas de dire, je deſire embraſſer les moyens convenables pour y parvenir, ains il faut d'une resolution absoluë vouloir & embrasser les graces que Dieu nous depart : car il faut que nôtre volonté corresponde à celle de Dieu, & d'autant qu'elle nous donne les moyens de nous sauver, nous les devons recevoir, comme nous devons desirer le salut, ainsi qu'elle nous le desire, & par ce qu'elle le desire.

ARTICLE II.

Que Iesus Christ est mort pour la Redemption, & pour le salut de tous les hommes.

C'Est au Chapitre 5. *du second livre que S. François de Sales enseigne cette verité; où aprés avoir montré que Jesus Christ fût le premier dans l'intention Divine, & dans ce projet éternel que Dieu fit de la creation dumonde, il dit,*

Qui eſt-ce qui doutera de l'abondance des moyens de ſalut, puiſque nous avons un ſi grand Sauveur, en conſideration duquel nous avons été faits, & par les merites duquel nous avons été rachetez ? Car il eſt mort pour tous; parce que tous étoient morts, & ſa miſericorde a été plus ſalutaire, pour racheter la race des hommes, que la miſere d'Adam n'avoit été veneneuſe pour la perdre; & tant s'en faut que le peché d'Adam ait ſurmonté la debonnaireté Divine, que tout au contraire il l'a excitée & provoquée, en ſorte que par une ſuave & tres amoureuſe antiperiſtaſe & contention, elle s'eſt revigorée à la preſence de ſon adverſaire; & comme ramaſſant toutes ſes forces pour vaincre, elle a fait ſurabonder la grace où l'iniquité avoit abondé: de ſorte que la ſainte Egliſe par un ſaint excés d'admiration , s'écrie la veille de Paſques, O peché d'A-dam à la verité neceſſaire, qui a été effacé par la mort de Jeſus Chriſt! O coulpe bien-heureuſe qui a merité d'avoir un tel & un ſi grand Redempteur ! Certes, Theotime , nous pouvons dire comme cet Ancien; nous étions perdus, ſi nous n'euſſions été perdus. C'eſt à dire nôtre perte nous a été à profit, puiſqu'en effet la nature humaine a receu plus de graces par la Redemption de ſon Sauveur , qu'elle n'en eût jamais receu par l'innocence d'Adam, s'il euſt perſeveré en icelle.

Car encore que la divine Providence ait laiſſé en l'homme de grandes marques de ſa ſeverité, parmy la grace même de ſa miſericorde , comme par exemple la neceſſité de mourir , les maladies, les travaux, la rebellion de la ſenſualité; ſi eſt-ce que la faveur celeſte ſurnageant à tout cela, prend plaiſir de convertir toutes ces miſeres, au plus grand profit de ceux qui l'aiment: faiſant naître la patience ſur les travaux, le mépris du monde ſur la neceſſité de mourir, & mille victoires ſur la concupiſcence: & comme l'Arc-en-Ciel touchant l'épine Aſpelathus la rend plus odorante que le Lys: ainſi la Redemption de nôtre Sauveur touchant nos miſeres, elle les rend plus utiles & plus aimables que n'euſt jamais été la Juſtice originelle, les Anges ont plus de joye au Ciel, dit le Sauveur, ſur un pecheur penitent que ſur nonante neuf juſtes, qui n'ont pas beſoin de penitence, & de même l'état de la Redemption vaut cent fois plus que celuy de l'innocence.

ARTICLE III.

Que le merite de la Mort de Iesus Christ a été specialement appliqué, pour preserver sa tres sainte Mere du peché originel, & luy conferer une tres-grande abondance de graces.

CEla est amplement declaré au Chapitre suivant, qui est le 6. du second livre, par ces paroles.

Dieu montre admirablement la richesse incomprehensible de son pouvoir en cette grande varieté de choses que nous voyons en la nature. Mais il fait encore plus magnifiquement paroître les tresors infinis de sa bonté, en la difference nompareille des biens que nous reconnoiſſons en ſa grace.

Car, Theotime, il ne s'eſt pas contenté en l'excés ſacré de ſa miſericorde, d'envoyer à ſon peuple, c'eſt à dire au genre humain, une Redemption generale & univerſelle, par laquelle un chaçun peut être ſauvé ; mais il l'a diverſifiée en tant de manieres, que ſa liberalité reluiſant en toute cette varieté, cette varieté reciproquement embellit auſſi ſa liberalité.

Ainſi il deſtina premierement pour ſa tres ſainte Mere une faveur digne de l'amour d'un tel Fils, qui étant tout ſage, tout puiſſant, & tout bon, ſe devoit preparer une Mere à ſon gré : & partant il voulut que ſa Redemption luy fût appliquée par maniere de remede preſervatif, afin que le peché qui s'écouloit de generation en generation ne parvint point à elle : de ſorte qu'elle fut rachetée si excellemment, qu'encore que par aprés le torrent de l'iniquité originelle vint rouler ses ondes infortunées sur la Conception de cette sacrée Dame, avec autant d'impetuosité qu'il eust fait sur celle des autres Filles d'Adam; si est-ce qu'étant arrivée là, il ne passa point outre, ains s'arréta court, comme fit autrefois le Jourdain du temps de Josué, & pour le même respect, car ce Fleuve retint son cours en reverence du passage de l'Arche d'Alliance, & le peché originel retira ses eaux, reverant & redoutant la presence du vray Tabernacle de l'éternelle Alliance.

De cette maniere donc Dieu détourna de sa glorieuse Mere toute captivité, luy donnant le bonheur des deux états de la nature humaine, puisqu'elle eut l'innocence, que le premier Adam avoit perduë, & joüit excellemment de la Redemption que le second luy acquit : ensuite dequoy comme un jardin d'élite qui devoit porter le Fruit de vie elle fut renduë florissante en toutes sortes de perfections : ce Fils de l'Amour éternel ayant ainsi paré sa Mere d'une robe d'or recamée en belle varieté, afin qu'elle fust la Reine de sa dextre, c'est à dire la premiere de tous les Elûs, qui joüiroit des delices de la dextre divine.

De sorte que cette Mere sacrée, comme toute reservée à son Fils, fut par luy rachetée non seulement de la damnation, mais aussi de tout peril de la damnation, luy asseurant la Grace & la perfection de la grace, en sorte qu'elle marcha comme une belle Aurore, qui commençant à poindre, va continuellement croissant en clarté, jusques au plain jour.

Re-

Redemption admirable, chef-d'œuvre du Redempteur, & la premiere de toutes les Redemptions, par laquelle le Fils, d'un cœur vrayement filial, prevenant sa Mere des benedictions de douceur, il l'a preserve non seulement de peché comme les Anges; mais aussi de tout peril de peché, & de tous les empêchemens & retardemens de l'exercice du saint amour.

ARTICLE IV.

Que Dieu donne des graces suffisantes à tous les Hommes pour operer leur salut.

Voicy ce que nôtre saint Prelat a dit sur ce sujet au chapitre septiéme du livre 2.

Il y eust doncques en la Providence éternelle, une faveur incomparable pour la Reine des Reines, Mere de tres-belle dilection, & toute uniquement parfaite. Il y en eut aussi de speciales pour d'autres : mais aprés cela cette souveraine bonté répandit une abondance de graces & de benedictions sur toute la race des hommes, de laquelle tous ont été arrousez comme d'une pluye qui tombe sur les bons & sur les mauvais : tous ont été éclairez comme d'une lumiere qui illumine tout homme venant en ce monde ; tous ont receu leur part comme d'une semence qui tombe, non seulement sur la bonne terre, mais aussi parmy les chemins, entre les épines, & sur les pierres, afin que tous fussent inexcusables devant le Redempteur, s'ils n'employent cette tres abondante Redemption pour leur salut.

Mais pourtant, Theotime, quoy que cette tres-abondante suffisance de grace soit ainsi versée sur toute la nature humaine, & qu'en cela nous soyions tous égaux, qu'une riche abondance de benedictions nous est offerte à tous : si est-ce neanmoins que la varieté de ces faveurs est si grande, qu'on ne peut dire, qui est plus admirable, ou la grandeur de toutes les graces en une si grande diversité, ou la diversité en tant de grands dons.

Qui ne voit qu'entre les Chrétiens les moyens de salut sont plus grands & puissans qu'entre les Barbares & Infideles : & que parmy les Chrétiens, il y a des Peuples & des Villes où les Pasteurs sont plus fructueux & plus capables.

Or de nier que ces moyens exterieurs ne soient pas des faveurs de la Divine Providence, ou de révoquer en doute qu'ils ne contribuent pas au ſalut & à la perfection des ames, ce ſeroit être ingrat envers la bonté celeſte, & dementir la veritable experience qui nous fait voir que pour l'ordinaire, où ces moyens exterieurs abondent, les interieurs ont plus d'effet & reüſſiſſent mieux.

Mais il ſe faut bien garder, de jamais rechercher pourquoy la ſuprême Sageſſe a desparti une grace à l'un, plutoſt qu'à l'autre? Ni pourquoy il fait abonder ſes faveurs en un endroit, plutoſt qu'en l'autre? Non, Theotime, n'entrez jamais en cette curioſité: car ayant tous abondamment ce qui eſt requis pour le ſalut, quelle raiſon peut avoir un homme de ſe plaindre, s'il plaiſt à Dieu de départir ſes graces plus largement aux uns qu'aux autres? Si quelqu'un s'enqueroit pourquoy Dieu a fait les melons plus gros que les fraises, ou les lys plus grands que les violettes, pourquoy le romarin n'est pas une rose, ou pourquoy l'œillet n'est pas un soucy : pourquoy le paon est plus beau qu'une chauve souris, ou pourquoy la figue est douce, & le citron aigrelet; on se moqueroit de ses demandes; & on luy diroit, que puisque la beauté du monde requiert la varieté, il faut qu'il y ait de differentes & inégales perfections és choses, & que l'une ne soit pas l'autre : c'est pourquoy les unes sont petites, les autres grandes, les unes aigres, les autres douces, les unes plus & les autres moins belles.

Or il en est de même aux choses surnaturelles, chaque personne a son don; l'un ainsi, & l'autre ainsi, comme dit le S. Esprit.

C'est donc une impertinence de vouloir rechercher pourquoy

S. Paul n'a pas eu la grace de S. Pierre, ni S. Pierre celle de S. Paul, pourquoy S. Antoine n'a pas été S. Athanaſe, ni S. Athanaſe, S. Hierôme : car on répondroit à ces demandes, que l'Egliſe eſt un Jardin diapré d'une infinité de fleurs : il faut donc qu'il y en ait de diverſes grandeurs, de diverſes couleurs, de diverſes odeurs, & enfin de differentes perfections.

Toutes ont leur prix, leur grace, & leur émail, & toutes en l'aſſemblage de leurs varietez font une tres-agreable perfection de beauté.

Ce ſaint Prelat parle encore excellemment du même ſujet au Chapitre ſuivant, en ces termes.

Dieu ne nous donne pas ſeulement une ſimple ſuffiſance de moyens pour l'aimer, & en l'aimant nous ſauver : mais c'eſt une ſuffiſance riche, ample, magnifique, & telle qu'elle doit être attenduë d'une si grande bonté comme est la sienne.

Le grand Apôtre parlant au pecheur obstiné, méprise-tu, luy dit-il, les richesses de la bonté, patience, & longanimité de Dieu? Ignore-tu que la benignité de Dieu t'ameine à penitence? Mais toy, selon ta dureté, & ton cœur impenitent, tu te fais un tresor de cholere, au jour de la cholere.

Mon cher Theotime, Dieu n'employe pas donc une simple suffisance de remedes pour convertir les obstinez, mais il employe à cela les richesses de sa bonté : l'Apôtre, comme vous voyez oppose les richesses de la bonté de Dieu, aux tresors de la malice du cœur impenitent, & dit que le cœur malicieux est si riche en iniquité, que même il méprise les richesses de la debonnaireté par laquelle Dieu l'attire à penitence.

ARTICLE V.

Que l'on peut ſi l'on veut conſentir à la grace ou n'y pas conſentir : ſuivre ſon attrait, ou y reſiſter, & qu'en effet ſouvent on luy reſiſte.

OUtre ce qui a été rapporté en l'Article precedent ſur ce ſujet ; le S. Evêque de Geneve explique excellemment cette verité au 12. chapitre du 2. livre en la maniere qui ſuit.

Nôtre franc arbitre n'eſt nullement forcé, ni neceſſité par la grace, ains nonobſtant la vigueur toute puiſſante de la main miſericordieuſe de Dieu qui touche, environne & lie l'ame de tant & tant d'inſpirations, de ſemonces,

& d'attraits : cette volonté humaine demeure parfaitement libre, franche, & exempte de toute ſorte de contrainte, & de neceſſité.

La grace eſt ſi gracieuſe, & faiſit ſi gracieuſement nos cœurs, pour les attirer, qu'elle ne gâte rien en la liberté de nôtre volontê; elle touche puiſſamment, mais pourtant ſi delicatement les reſſorts de nôtre eſprit, que nôtre franc arbitre n'en reçoit aucun forcement : la grace a des forces, non pour forcer mais pour allecher le cœur, elle a une ſainte violence, non pour violer, mais pour rendre amoureuſe nôtre liberté : elle agit fortement mais ſi ſuavement que nôtre volonté ne demeure point accablée ſous une ſi puiſſante action: Elle nous preſſe, mais elle n'oppreſſe pas nôtre franchiſe, ſi que nous pouvons parmy ſes forces conſentir, ou reſiſter à ſes mouvemens,ſelon qu'il nous plaiſt.

Mais ce qui eſt autant admirable que veritable, c'eſt que quand nôtre volonté ſuit l'attrait, & conſent au mouvement Divin,elle le ſuit auſſi librement, comme librement elle y reſiſte, quand elle y reſiſte: bien que le conſentement à la grace dépende beaucoup plus de la grace, que de la volonté; & que la reſiſtance à la grace, ne dépende que de la ſeule volonté: tant la main de Dieu eſt amiable au maniement de nôtre cœur, tant elle a de dexterité pour nous communiquer ſa force, ſans nous ôter nôtre liberté, & pour nous donner le mouvement de ſon pouvoir, ſans empeſcher celuy de nôtre vouloir, ajuſtant ſa puiſſance à ſa ſuavité; en telle ſorte, que comme,en ce qui regarde le bien, ſa puiſſance nous donne ſuavement le pouvoir, aussi sa suavité maintient puissamment la liberté de nôtre vouloir.

Si tu sçavois le don de Dieu, dit le Sauveur à la Samaritaine, & qui est celuy qui te dit, donne moy à boire, peut-être que tu luy eusse demandé, & il t'eust donné de l'eau vive. Voyez de grace, Theotime, le trait du Sauveur, quand il parle de ses attraits : Si tu sçavois, veut-il dire, le don de Dieu, sans doute tu serois émeuë & attirée de demander l'eau de la vie eternelle, & peut-être que tu la demanderois, comme s'il disoit : Tu aurois le pouvoir, & tu serois provoquée à demander, & neanmoins tu ne serois pas forcée ni necessitée, ains seulement peut-être tu la demanderois : car ta liberté te demeureroit pour la demander, ou ne la pas demander : telles sont les paroles du Sauveur, selon l'edition ordinaire, & ſelon la leçon de S. Auguſtin ſur S. Jean.

Enfin ſi quelqu'un diſoit que nôtre franc arbitre ne coopere pas au conſentement à la grace, dont Dieu le previent, ou qu'il ne peut pas rejetter la grace, & luy refuſer ſon conſentement, il contrediroit à toute l'Eſcriture, à tous les anciens Peres, à l'experience, & ſeroit excommunié par le ſacré Concile de Trente.

Mais quand il eſt dit, que nous pouvons rejetter l'inſpiration celeſte, & les attraits divins, on n'entend pas certes, qu'on puiſſe empeſcher Dieu de nous inſpirer, ni de jetter ſes attraits en nos cœurs : car comme j'ay déja dit, cela ſe fait en nous, & ſans nous; ce ſont des faveurs que Dieu nous fait avant que nous y ayons penſé; il nous éveille lors que nous dormons, & par conſequent nous nous trouvons éveillez

lez avant qu'y avoir pensé ; mais il est en nous de nous lever, ou de ne nous lever pas ; & bien qu'il nous ait eveillez sans nous, il ne nous veut pas lever sans nous.

Or c'est resister au reveil, que de ne se point lever, & se rendormir ; puisqu'on ne nous reveille que pour nous faire lever.

Nous ne pouvons pas empescher que l'inspiration ne nous pousse, & par consequent ne nous ébranle ; mais si à mesure qu'elle nous pousse nous la repoussons, pour ne point nous laisser aller à son mouvement, alors nous resistons.

ARTICLE VI.

Que l'on n'employe pas toûjours les Graces ſelon toute l'étenduë de la force qu'elles ont

C'Eſt au chapitre onziéme du livre deuxiéme que nôtre S. Prelat declare ſon ſentiment ſur ce ſujet en ces termes.

Si nous recevions les inſpirations celeſtes ſelon toute l'étenduë de leur vertu, nous ferions en peu de temps de grands progrés en la ſainteté. Pour abondante que ſoit la fontaine, ſes eaux n'entreront pas en un Jardin ſelon leur affluence, mais ſelon la petiteſſe ou grandeur du canal par où elles y ſont conduites. Quoy que le S. Eſprit comme une ſource d'eau vive, aborde de toutes parts nôtre cœur, pour y repandre sa Grace; toutefois ne voulant pas qu'elle entre en nous, sinon par le libre consentement de nôtre volonté, il ne la versera point, que selon la mesure de son bon plaisir, & de nôtre propre disposition & cooperation; ainsi que dit le Sacré Concile: qui aussi comme je pense, à cause de la correspondance de nôtre consentement à la Grace, appelle la reception d'icelle, reception volontaire.

En ce sens S. Paul nous exhorte de ne point recevoir la Grace de Dieu en vain, car comme un malade qui ayant receu la medecine en sa main, ne l'avaleroit pas dans son estomach, auroit voirement receu la medecine, mais sans la recevoir; c'est à dire, il l'auroit receuë d'une maniere inutile & infructueuse: de même nous recevons la Grace de Dieu en vain, quand nous la recevons à la porte du cœur, & non pas dans le consentement du cœur: car ainsi nous la recevons sans la recevoir; c'est à dire nous la recevons sans fruit, puisque ce n'est rien de sentir l'inspiration sans y consentir.

Et comme le malade auquel on auroit donné en la main la medecine, s'il la prenoit seulement en partie, & non pas toute, elle ne feroit aussi l'operation qu'en partie, & non pas entierement; ainsi quand Dieu nous envoye une inspiration grande & puissante, pour embrasser son saint amour, si nous n'y consentons pas selon toute son étenduë, elle ne profitera pas aussi qu'à cette mesure là.

Il arrive qu'étant inspirez de faire beaucoup, nous ne consentons pas à toute l'inspiration mais seulement à quelque partie d'icelle, comme firent ces bons personnages de l'Evangile, qui, sur l'inspiration que nôtre Seigneur leur proposa de le suivre, vouloient reserver, l'un d'aller ensevelir son pere, & l'autre d'aller prendre congé des siens.

Tandis que la pauvre Veuve eut des vaisseaux vuides, l'huile de laquelle Elizée avoit miraculeusement impetré la multiplication, ne cessa jamais de couler, & quand il n'y eut plus de vaisseaux pour la recevoir, elle cessa d'abonder. A mesure que nôtre cœur se dilate, ou pour mieux parler, à mesure qu'il se laisse élargir & dilater, & qu'il ne refuse pas le vuide de son consentement à la Divine misericorde, elle y verse toûjours, & répand sans cesse ses sacrées inspirations, qui vont croissant, & nous font croître de plus en plus en l'amour sacré. Mais quand il n'y a plus de vuide, & que nous ne preſtons pas davantage le conſentement, elle s'arréte.

A quoy tient-il donc, que nous ne ſommes pas ſi avancez en l'amour de Dieu, comme S. Auguſtin, S. François, ſainte Catherine de Gennes, ou ſainte Françoiſe? Theotime, c'eſt parce que Dieu ne nous en a pas fait la grace: Mais pourquoy eſt-ce que Dieu ne nous en a pas fait la grace? Parceque nous n'avons pas correſpondu comme nous devions à ſes inſpirations: Et pourquoy n'avons nous pas correſpondu? parce qu'étans libres, nous avons ainſi abuſé de nôtre liberté? Mais pourquoy avons-nous abuſé de nôtre liberté? Theotime, il ne faut pas paſſer plus avant, car, comme dit S. Auguſtin, la dépravation de nôtre volonté ne provient d'aucune cauſe, ains de la deffaillance de la cauſe qui commet le peché. Et il ne faut pas penſer qu'on puiſſe rendre raiſon de la faute que l'on fait quand on commet le peché ; car la faute ne ſeroit pas peché ſi elle n'étoit ſans raiſon.

ARTICLE VII.

Que les uns rejettent quelquesfois les graces avec leſquelles les autres ſe convertiroient.

NOſtre S. Prelat explique ſon ſentiment ſur ce ſujet au chapitre 10. *du livre* 2. *& pour cela il employe ces paroles de Nôtre Seigneur tirées de l'Evangile.*

Malheur à toy Corozain, Malheur à toy Bethſaida, car ſi en Tyr, & en Sydon euſſent été faites les choſes miraculeuſes, qui ont été faites chez toy, ils eussent fait penitence avec la cendre & le cilice : ce sont les paroles du Sauveur. Voyez donc, je vous prie, Theotime, que les habitans de Corozaïn & de Bethsaïda enseignez en la vraye Religion, ayant receu des faveurs si grandes, qu'elles eussent en effet converty les payens même, neanmoins ils demeurerent obstinez, & ne voulurent point s'en prevaloir, rejettant cette sainte lumiere, par une rebellion incomparable.

Certes au jour du Jugement, les Ninivites & la Reyne de Saba s'éléveront contre les Juifs, & les convaincront d'être dignes de damnation, parce que quand aux Ninivites étant idolâtres, & d'une nation barbare, à la voix de Jonas, ils se convertirent & firent penitence : & quand à la Reyne de Saba, quoy qu'elle fût engagée dans les affaires d'un Royaume, neanmoins ayant oüy la renommée de Salomon, elle quitta tout pour le venir oüir : & cependant les Juifs oyant de leurs oreilles la Divine Sagesse du vray Salomon, Sauveur du monde, voyant de leurs yeux ses miracles, touchant de leurs mains ses vertus & bienfaits, ne laisserent pas de s'endurcir, & resister à la grace, qui leur étoit offerte.

Voyez donc derechef, Theotime, que ceux qui ont receu moins d'attraits, sont tirez à penitence, & ceux qui en ont plus receu, s'obstinent : ceux qui ont moins de sujet de venir, viennent à l'Ecole de la sagesse, & ceux qui en ont plus, demeurent en leur folie.

Ainsi se fera le Jugement de comparaison, comme tous les saints Docteurs ont remarqué, qui ne peut avoir aucun fondement, ſinon en ce que les uns ayant été favoriſez d'autant ou de plus d'attraits que les autres, auront neanmoins refuſé leur conſentement à la miſericorde: & les autres aſſiſtez d'attraits pareils ou mêmes moindres, auront ſuivi l'inſpiration, & ſe ſeront rangez à la tres ſainte Penitence. Car comme pouroit-on autrement reprocher avec raiſon aux impenitens leur impenitence, que par la comparaiſon de ceux qui ſe ſont convertis ?

Certes nôtre Seigneur montre clairement, & tous les Chrétiens entendent ſimplement qu'en ce juſte Jugement, on condamnera les Juifs par comparaiſon des Ninivites, parce que ceux-la ont eu beaucoup de faveur, & n'ont eu aucun amour ; beaucoup d'aſſiſtance & nulle repentance; ceux-cy moins de faveur, & beaucoup d'amour, moins d'aſſiſtance &

beaucoup de penitencc.

Le grand S. Auguſtin donne une grande clarté à ce diſcours, par celuy qu'il fait au livre douziéme de la Cité de Dieu, au chapitre 6.7.8.& 9. Car encore qu'il regarde particulierement les Anges, ſi eſt-ce toutefois qu'il aparie les hommes à eux pour ce point. Or aprés avoir établi au chapitre 6. deux hommes entierement égaux en bonté & en toutes choſes, agités d'une même tentation, il preſuppoſe que l'un puiſſe reſiſter, & l'autre ceder à l'ennemi , puis au chapitre 9. ayant prouvé que les Anges furent créez en charité, avoüant encore comme choſe probable que la grace & la charité furent égales en eux tous; il demande comme il eſt advenu que les uns ont perſeveré & fait progrez en leur bonté, juſques à parvenir à la gloire: & les autres ont quitté le bien pour ſe ranger au mal, juſques à la damnation. Et il répond qu'on ne ſçauroit dire autre choſe, ſinon que les uns ont perſeveré par la Grace du Createur, en l'amour chaſte qu'ils receurent en leur creation; & les autres de bons qu'ils étoient ſe rendirent mauvais par leur propre & ſeule volonté, &c.

O Dieu tout bon vous ne laiſſez que ceux qui vous laiſſent: vous ne nous ôtez jamais vos dons, ſinon quand nous vous ôtons nos cœurs. Nous dérobons les biens de Dieu, ſi nous nous attribuons la gloire de nôtre ſalut: mais nous deshonorons ſa miſericorde, ſi nous diſons qu'elle nous a manqué. Nous offençons ſa liberalité, ſi nous ne confeſſons ſes biensfaits; mais nous blaſphemons ſa bonté, ſi nous nions qu'elle nous ait aſſiſté & ſecouru: Enfin Dieu crie hautement & clai-

clairement à nos oreilles, ta perte vient de toy, ô Israël, & en moy seul se trouve ton secours.

ARTICLE VIII.

Qu'il se peut faire que de deux Hommes qui ont une grace égale, l'un employe cette grace plus utilement que l'autre.

Cette verité suit necessairement les precedentes, & se peut encore confirmer, par ce qui se lit au chapitre onziéme du second livre, où nôtre saint Prelat parle en ces termes.

Le devot frere Ruffin, sur quelque vision qu'il avoit euë de la gloire à laquelle le grand saint François parviendroit par son humilité, luy fit cette demande: Mon cher Pere, je vous supplie de me dire en verité, quelle opinion vous avez de vous-même; & le même Saint luy dit, certes je me tiens pour le plus grand pecheur du monde, & qui ſert le moins nôtre Seigneur. Mais, replique le frere Ruffin, comment pouvez-vous dire cela en verité, & en conſcience, puis que pluſieurs autres, comme l'on voit manifeſtement, commettent pluſieurs grands pechez, deſquels grace à Dieu vous êtes exempt! A quoy S. François répondant. Si Dieu eût favoriſé, dit-il, ces autres de qui vous parlez, avec tant de miſericorde, comme il m'a favoriſé: je ſuis certain que pour méchants qu'ils ſoient maintenant, ils euſſent été beaucoup plus reconnoiſſans des dons de Dieu, que je ne ſuis, & le ſerviroient beaucoup mieux que je ne fais; & ſi mon Dieu m'abandonnoit, je commettrois plus de méchancetez qu'aucun autre.

Vous voyez, Theotime, l'avis de ce ſaint Homme, qui ne fut preſque pas un homme, ains un Seraphin en terre. Je ſçay qu'il parloit ainſi de ſoy-même par humilité : mais il croyoit pourtant être une vraye verité, qu'une grace égale faite avec une pareille miſericorde, puiſſe être plus utilement employée par l'un des pecheurs que par l'autre. Or je tiens pour un oracle le ſentiment de ce grand Docteur en la ſcience des Saints, qui nourri en l'école du Crucifix, ne reſpiroit que les divines inſpirations. Auſſi cet Apophtegme a été loüé & répeté par tous les plus devots qui ſont venus depuis ; entre leſquels pluſieurs ont eſtimé que le grand Apôtre S. Paul avoit dit en même ſens, qu'il étoit le premier de tous les pecheurs.

Tout cecy ſe peut encore éclaircir & confirmer par la comparaiſon du

Soleil, qui eſt employée au chapitre 5. du livre quatriéme, qui merite d'être rapportée en cet endroit.

Pluſieurs Voyageurs, environ l'heure du midy, un jour d'Eſté, ſe mirent à dormir à l'ombre d'un arbre : mais tandis que leur laſſitude, & la fraîcheur de l'ombrage les tient en ſommeil, le Soleil s'avançant ſur eux leur porta droit aux yeux ſa plus forte lumiere, laquelle par l'éclat de ſa clarté, faiſoit des tranſparences comme par de petits éclairs autour de la prunelle des yeux de ces dormans, & par la chaleur qui perçoit leurs paupieres, les força d'une douce violence de s'éveiller.

Les uns éveillez ſe levent & gagnans pays, allerent heureuſement au gîte: les autres non ſeulement ne ſe levent pas, mais tournant le dos au Soleil, & enfonçant leurs chapeaux ſur leurs yeux, passerent là leur journée à dormir, jusques à ce que surpris de la nuit, & voulant neanmoins aller au logis, ils s'égarent qui ç'a, qui là dans une Forest, à la mercy des Loups, Sangliers, & autres bestes sauvages.

Or dites de grace, Theotime, ceux qui sont arrivez ne doivent-ils pas sçavoir tout le gré de leur contentement au Soleil, ou pour parler chrétiennement au Createur du Soleil ? Oüy, certes, car ils ne pensoient nullement à s'éveiller quand il en étoit temps : le Soleil leur fit ce bon office, & par une agreable semonce de sa clarté, & de sa chaleur, il les vint amiablement éveiller. Il est vray qu'ils ne firent pas resistance au Soleil : mais il les aida aussi beaucoup à ne point resister: car il vint doucement répandre sa lumiere sur eux, se faisant entrevoir au travers de leurs paupieres ; & par ſa chaleur, comme par ſon amour, il alla deſiller leurs yeux, & les preſſa de voir ſon jour.

Au contraire ces pauvres errans n'avoient-ils pas tort de crier dans ces bois, hé, qu'avons nous fait au Soleil, pourquoy il ne nous a pas fait voir ſa lumiere, comme à nos compagnons, afin que nous fuſſions arrivez au logis, ſans demeurer dans ces effroyables tenebres. Car qui ne prendroit la cauſe du Soleil, ou plûtoſt de Dieu en main, mon cher, Theotime, pour dire à ces chetifs malheureux : qu'eſt-ce, miſerable, que le Soleil pouvoit bonnement faire pour vous qu'il ne l'ait pas fait ? Ses faveurs étoient égales envers tous vous autres, qui dormiez, il vous aborda tous avec une même lumiere; il vous toucha des mêmes rayons; il répandit ſur vous une chaleur pareille, & malheureux que vous êtes, quoy que vous vissiez vos compagnons levez prendre le bourdon pour tirer chemin, vous tournâtes le dos au Soleil, & ne voulûtes pas employer sa clarté, ny vous laisser vaincre à sa chaleur.

Voila, maintenant, Theotime, ce que je veux dire: tous les hommes sont voyageurs en cette vie mortelle: presque tous, nous nous sommes volontairement endormis en l'iniquité; & Dieu Soleil de Justice darde sur tous, tres suffisamment, les rayons de ses inspirations, il échaufe nos cœurs de ses benedictions, touchant un chacun des attraits de son amour. Hé, que veut dire donc que ces attraits en attirent si peu, & en tirent encore moins? Ha, certes, ceux qui étant attirez, puis tirez, suivent l'inspiration, ont grande occasion de s'en réjoüir, mais non pas de s'en glorifier? Qu'ils se réjoüiſſent parce qu'ils joüiſſent d'un grand bien: mais qu'ils ne s'en glorifient pas, puiſque c'eſt par la pure bonté de Dieu, qui leur laiſſant l'utilité de ſon bienfait, s'en eſt reſervé la gloire.

Mais quand à ceux qui demeurent au ſommeil du peché, ô Dieu qu'ils ont une grande raiſon de lamenter, gemir, pleurer & regreter? Car ils ſont au malheur le plus lamentable de tous: mais ils n'ont pas raiſon de ſe plaindre, ſinon d'eux-mémes, qui ont mépriſé, ains ont été rebelles à la lumiere, reveſche aux attraits, & ſe ſont obſtinez contre l'inſpiration. De ſorte qu'à leur malice ſeule doit être à jamais malediction & confuſion, puiſqu'ils ſont ſeuls auteurs de leur perte, ſeuls ouvriers de leur damnation.

Ainſi les Japonnois ſe plaignant au B. François Xavier leur

Apôtre de ce que Dieu qui avoit eu tant de ſoin des autres nations, ſembloit avoir oublié leurs predeceſſeurs, ne leur ayant point fait avoir ſa connoiſſance, par le manquement de laquelle ils avoient été perdus : l'homme de Dieu leur répondit, que la Divine Loy naturelle étoit plantée dans l'eſprit de tous les mortels, laquelle ſi leurs devanciers euſſent obſervée, la celeſte lumiere les eût ſans doute éclairez : comme au contraire l'ayant violée ils meriterent d'être damnés. Réponſe Apoſtolique, d'un homme Apoſtolique, & toute pareille à la raiſon que le grand Apôtre rend de la perte des anciens Gentils, qu'il dit être inexcuſables, parce qu'ayant connu le bien ils ſuivirent le mal : car c'eſt en un mot ce qu'il inculque au premier chapitre de l'Epître aux Romains. Malheur ſur malheur à ceux qui ne reconnoiſſent pas que leur malheur provient de leur malice.

ARTICLE IX.

Que la ſeule cauſe du conſentement au peché eſt en la volonté de la creature, & non au manquement de la grace.

Outre ce qui a été raporté en l'article precedent ſur ce ſujet, nôtre Saint Prelat en parle encore plus expreſſement au commencement du même chapitre cinquiéme, en ces termes.

Comme ce ſeroit une effronterie impie, que de vouloir attribuer aux forces de nôtre volonté les œuvres de l'Amour ſacré, que le S. Eſprit fait en nous, & avec nous : Auſſi ſeroit-ce une impieté effrontée, que de vouloir rejeter le defaut d'amour & de charité qui eſt en l'homme ſur le manquement de l'aſſiſtance de la grace celeſte. Car le S. Eſprit declare hautement au contraire, que nôtre perte vient de nous: que le Sauveur a apporté le feu du ſaint Amour, & qu'il ne deſire rien tant ſinon qu'il brûle nos cœurs: que le ſalut eſt preparé devant la face de toutes les nations; lumiere pour éclairer les Gentils, & pour la gloire du peuple d'Iſraël: que la Divine Bonté ne veut point qu'aucun periſſe, mais que tous viennent à la connoiſſance de la verité, & que tous les hommes ſoient ſauvez: le Sauveur étant venu au monde afin que tous reçoivent l'adoption des enfans.

Et le Sage nous avertit clairement; ne dis point, il tient à Dieu: & le ſacré Concile de Trente inculque divinement à tous les

Enfans de l'Eglise sainte, que la grace de Dieu ne manque jamais à ceux qui font ce qu'ils peuvent, invoquans le secours celeste. Que Dieu n'abandonne *jamais ceux qu'il a une fois justifiez, sinon qu'eux-mêmes les premiers l'abandonnent : de sorte que s'ils ne manquent à la grace, ils obtiendront la gloire.

ARTICLE X.

Que celuy qui coopere fidelement à la grace & qui en fait un bon usage, n'a aucun sujet de s'en glorifier, mais qu'il en doit rendre toute la gloire à Dieu.

Cette verité a été touchée dans les Articles precedens, & se trouve encore plus clairement expliquée

quée au chapitre ſixiéme du livre 4. par ces paroles.

Le ſentiment univerſel de l'Egliſe nôtre Mere eſt que nous devons reconnoître nôtre ſalut, & les moyens d'y parvenir de la ſeule miſericorde du Sauveur, auquel ſeul en eſt dû toute la gloire.

Certes, ſi quelqu'un vouloit s'élever pour avoir fait quelque progrés en l'amour de Dieu, helas, chetif homme, luy dirions nous, qu'as tu fait dequoy tu te puiſſe vanter? Tu as conſenty à l'inſpiration celeſte, il eſt vray, le mouvement de ta volonté à librement ſuivy celuy de la grace. Mais tout cela, qu'eſt-ce autre choſe, ſinon recevoir l'operation de Dieu & n'y pas reſiſter? Et qui a-t'il en cela que tu n'aye pas reçû, &c.

Il eſt vray que tu as cooperé à l'inſpiration en y conſentant, mais ſi tu ne le ſçais pas, je t'apprens que ta cooperation a pris naiſſance de l'operation de la grace, & de ta franche volonté tout enſemble, mais en telle ſorte neanmoins, que ſi la grace n'eût prevenu, & remply ton cœur de ſon operation, jamais il n'eût eu le pouvoir ni le vouloir de faire aucune cooperation. Mais dis moy derechef, homme vil & abjet, n'eſt-tu pas ridicule quand tu penſes avoir part en la gloire de ta converſion, parce que tu n'as pas repouſſé l'inſpiration? N'eſt-ce pas la fantaiſie des voleurs & des tyrans de penſer donner la vie à ceux auſquels ils ne l'ôtent pas? Et n'eſt-ce pas une forcenée impieté de penſer que tu aye donné la ſainte efficace, & vive activité à l'inſpiration Divine, parce que tu ne luy as pas ôté par ta reſiſtance?

Nous pouvons empeſcher les effets de l'inſpiration, mais nous ne les luy pouvons pas donner. Elle tire ſa force & ſa vertu de la bonté Divine qui eſt le lieu de ſon origine ; & non de la volonté humaine qui eſt le lieu de ſon abord.

ARTICLE XI.

Qu'il eſt au pouvoir d'un chacun de perſeverer s'il veut en la grace de Dieu.

CEla ſe peut voir au chapitre 4. du livre troiſiéme où nôtre ſaint Prelat s'explique en ces termes.

En cette conduite que la douceur de Dieu fait de nos ames, dés leur introduction à la charité juſques à la finale perfection d'icelle ; qui ne ſe fait qu'à l'heure de la mort, conſiſte le grand don de la perſeverance auquel nôtre Seigneur attache le tres grand don de la gloire éternelle, ſelon ce qu'il a dit, que celuy qui perseverera jusques à la fin sera sauvé. Car ce don n'est autre chose que l'assemblage & la suite de divers appuys, soulagemens & secours, par le moyen desquels nous continuons en l'amour de Dieu jusques à la fin, &c.

Cette perseverance est le don le plus desirable que nous puissions esperer en cette vie, & lequel, comme parle le sacré Concile, nous ne pouvons avoir d'ailleurs que de Dieu, qui seul peut affermir celuy qui est debout, & relever celuy qui tombe: c'est pourquoy il le faut continuellement demander, employant les moyens que Dieu nous a enseignez pour l'obtenir, qui sont l'Oraison, le jeûne, l'aumône, l'usage des Sacremens, la hantise des bons, l'oüye & la lecture des saintes paroles.

Or parce que le don d'Oraison & de la devotion est liberalement accordé à tous ceux qui de bon cœur veulent conſentir aux inſpirations celeſtes : il eſt par conſequent en nôtre pouvoir de perſeverer. Non certes, que je veille dire que la perſeverance ait ſon origine de nôtre pouvoir ; car au contraire je ſçay, qu'elle procede de la Divine miſericorde, de laquelle elle eſt un don tres-precieux : mais je veux dire qu'encore qu'elle ne provienne pas de nôtre pouvoir, elle vient neanmoins en nôtre pouvoir, par le moyen de nôtre vouloir, que nous ne ſçaurions nier en nôtre pouvoir. Car bien que la grace divine nous ſoit neceſſaire pour vouloir perſeverer : Si eſt-ce que ce vouloir eſt en nôtre pouvoir, parce que la grace celeſte ne manque jamais à nôtre vouloir, tandis que nôtre vouloir ne défaut pas à nôtre pouvoir.

Et de fait, ſelon l'opinion du

grand S. Bernard, nous pouvons tous dire en verité, avec l'Apôtre, que ni la mort, ni les puissances, ni les Anges, ni la profondeur, ni la hauteur ne nous pourra jamais separer de la charité, qui est en Jesus-Christ : oüy, car nulle creature ne nous peut arracher de ce saint amour, mais nous pouvons nous-même seuls le quitter & l'abandonner par nôtre propre volonté, hors laquelle il n'y a rien à craindre pour ce regard.

Ainsi, tres-cher Theotime, nous devons, selon l'avis du saint Concile, mettre toute nôtre esperance en Dieu, qui parachevera nôtre salut, qu'il a commencé en nous, pourvû que nous ne manquions point à sa grace. Car il ne faut pas penser, que celuy qui dit au Paralytique, va, & ne veille plus pecher, ne luy donnât aussi le pouvoir d'éviter le vouloir, qu'il luy deffendoit : Et certes il n'inviteroit jamais les fideles à perseverer, s'il n'étoit prest à leur en donner le vouloir : Sois fidele jusques à la mort, dit-il, à l'Evêque de Smyrne, & je te donneray la couronne de la vie, &c.

Nous devons donc avec le Royal Prophete demander souvent à Dieu le sacré don de perseverance, & esperer qu'il nous l'accordera.

ARTICLE XII.

Que Dieu fait paroître son infinie sagesse, & sa bonté incomprehensible dans l'ordre de la Predestination de ses Eleus.

Nostre saint Prelat declare ses sentimens sur ce sujet au chapitre cinquiéme du livre troisiéme par ces paroles.

Tel donc eſt l'ordre de nôtre acheminement à la vie éternelle ; pour l'execution duquel la Divine Providence établit dés l'éternité la multitude, la diſtinction & la ſuite des graces neceſſaires à cela, avec la dépendance qu'elles ont les unes des autres.

Il voulut premierement d'une vraye volonté, même aprés le peché d'Adam, que tous les hommes fuſſent ſauvez : mais en une façon, & par des moyens convenables à la condition de leur nature doüée de franc arbitre : c'eſt à dire il voulut le ſalut de tous ceux qui voudroient contribuer leur conſentement aux graces & faveurs qu'il leur preparereoit, offriroit, & départiroit à cette intention.

Or entre ces faveurs, il voulut que la vocation fût la premiere, & qu'elle fût tellement attrempée à nôtre liberté, que nous la puiſſions accepter ou rejetter à nôtre gré. Et à ceux deſquels il previt qu'elle ſeroit acceptée, il voulut fournir les ſacrez mouvemens de la penitence : & à ceux qui ſeconderoient ces mouvemens, il diſpoſa de donner la ſainte charité ; & à ceux qui auroient la ſainte charité, il delibera de donner les ſecours pour perſeverer : & à ceux qui employeroient ces divins ſecours, il reſolut de donner la finale perſeverance, & la glorieuſe felicité de ſon amour eternel.

Nous pouvons donc rendre raiſon de l'ordre des effets de la Providence qui regarde nôtre ſalut, en deſcendant du premier juſques au dernier, c'eſt à dire depuis le fruit qui eſt la gloire, juſques à la racine de ce bel arbre qui eſt la Redemption du Sauveur. Car la Divine Bonté donne la gloire enſuite des merites, & les merites ensuite de la Charité, la Charité ensuite de la Penitence, la Penitence ensuite de l'obeïssance à la vocation; l'obeïssance à la vocation ensuite de la vocation; & la vocation ensuite de la Redemption du Sauveur, sur laquelle est appuyée toute cette échelle Mistique du grand Jacob, tant du côté du Ciel, puisqu'elle aboutit au sein amoureux de ce Pere Eternel, dans lequel il reçoit les Eleus en les glorifiant; comme aussi du côté de la terre, puisqu'elle est plantée sur le sein, & sur le flanc percé du Sauveur, mort pour cette occasion, sur le Mont de Calvaire.

Or que cette suite des effets de la Providence ait été ainsi ordonnée, avec la même dépendance qu'ils ont les uns des autres, en l'éternelle volonté de Dieu, la sainte Eglise le témoigne, quand elle fait la preface de l'une de ſes ſolemnelles prieres, en cette ſorte: O Dieu Eternel & tout puiſſant, qui êtes Seigneur des vivans & des morts, & qui uſez de miſericorde envers tous ceux, que vous prevoyez devoir être à l'avenir vôtres, par la foy & par les œuvres. Comme ſi elle avoüoit que la gloire qui eſt le comble & le fruit de la miſericorde Divine envers les hommes, n'eſt deſtinée que pour ceux que la Divine Sapience a préveus, qu'à l'avenir ſe rendant obeïſſans à la vocation, ils viendroient à la foy vive qui opere par charité.

Enfin tous ces effets dependent abſolument de la Redemption du Sauveur, qui les a meritez pour nous en toute rigueur de Juſtice, par l'obeïſſance amoureuſe qu'il a pratiquée juſques à la mort, & à la mort de la croix; laquelle eſt la racine de toutes les graces que nous recevons, nous qui ſommes les greffes ſpirituels entez ſur ſon tige: que ſi ayant été entez nous demeurons en luy, nous porterons ſans doute, par la vie de la grace, qu'il nous communiquera, le fruit de la gloire, qui nous eſt preparé.

Que ſi nous ſommes comme jettons, & greffes rompus ſur cet arbre, c'eſt à dire, que par nôtre reſiſtance, nous rompions le progrés & la ſuite des effets de ſa debonnaireté : ce ne ſera pas merveille ſi enfin on nous retranche du tout, & qu'on nous jette dans le feu éternel, comme branches inutiles.

Dieu ſans doute n'a preparé le Paradis que pour ceux deſquels il a prévû qu'ils ſeroient ſiens: Soyons donc ſiens par la foy, & par les œuvres, & il ſera nôtre par la gloire. Or il eſt en nous d'être d'être siens, car bien que ce soit un don de Dieu, c'est toutefois un don que Dieu ne refuse jamais à personne, ains il l'offre à tous, pour le donner à ceux qui de bon cœur consentiront à le recevoir.

Mais voyez, je vous prie, Theotime, de quelle ardeur Dieu desire que nous soyons siens, puis qu'à cette intention il s'est rendu tout nôtre, nous donnant sa mort & sa vie; sa vie afin que nous fussions exempts, de l'éternelle mort: & sa mort afin que nous puissions joüir de l'éternelle vie. Demeurons donc en paix, & servons Dieu pour être siens en cette vie mortelle, & encore plus en l'éternelle.

REFLEXIONS Sur la ſuite & la liaiſon des veritez contenuës dans les precedens articles.

I.

LA premiere de ces veritez eſt que Dieu dés l'éternité a toûjours voulu d'une vraye volonté ſauver tous les hommes, même aprés la previſion de la deſobeiſſance d'Adam, & du peché originel que tous ſes deſcendans devoient contracter.

Cette verité qui doit être conſiderée comme la baſe & le fondement de toutes les autres, ſe trouve ſi clairement & ſi fortement exprimée & inculquée en tant d'endroits des ſaintes Ecritures, qu'il y a ſujet de s'étonner, que des perſonnes qui ſe diſent Catholiques, s'efforcent avec tant d'obſtination de l'obſcurcir, & même de l'impugner, & s'ils pouvoient de l'effacer de tous les saints Livres.

Le saint Esprit declare en termes exprés, *que* [a] *Dieu n'a point fait la mort, & qu'il ne se plaist point en la perte & damnation des vivans.*

Que [b] *Dieu veut que tous les hommes soient sauvez & qu'ils viennent à la connoissance de la verité. Qu'il* [c] *ne veut point qu'aucun perisse. Qu'il* [d] *ne veut point la mort du pecheur, mais qu'il se convertisse & qu'il vive. Que* [e] *la patience de Dieu attend les pecheurs à penitence. Que* [f] *Dieu attend à la porte du cœur, & frappe pour y entrer si on luy ouvre. Que* [g] *tout homme qui invoquera le nom du Seigneur sera sauvé. Que* [h] *nul qui a esperé en Dieu, n'a été confondu. Que* [i] *la sagesse Divine fait entendre sa voix en tous lieux, dans les places publiques, aux portes des maisons, aux entrées des Villes, au milieu des grands chemins pour reprendre l'imprudence & la folie de ceux qui se perdent & qui se damnent.*

a Sap. 1.
b 1. Tim. 2.
c 2. Petr. 3.
d Ezechiel. 33.
e Rom. 2.
f Apoc. 3.
g Rom. 10.
h Ecli. 2.
i Prov. 8.

II.

COmment donc peut-on accorder ces témoignages si exprés

de la misericorde & de la bonté de Dieu envers toutes les creatures humaines, avec la doctrine execrable de ceux qui osent soûtenir *que c'est une chose incontestable que Dieu ne veut pas sauver tous les hommes ; que sans avoir aucun égard à leurs merites ou demerites il a dés l'éternité formé un dessein absolu & efficace de separer quelques-uns de la masse du peché, & leur donner sa grace & sa gloire ; abandonnant les autres, & les predestinant aux supplices de l'enfer : que si ceux qui sont dans cette masse ne se sauvent pas, ce n'est pas toûjours parce qu'ils ne le veulent pas ; mais parce que Dieu ne les veut pas sauver, & que pour cet effet Dieu les abandonne à leurs cupiditez, & ne les predestine qu'à la mort éternelle.*

L'Eglise Catholique a telle jamais parlé un langage si horrible & si desesperé, qui ressent plûtost le stile d'un Cain & d'un Judas que celuy d'un fidele disciple de Jesus-Christ? Si c'est un peché des plus énormes contre le S. Esprit, que de desesperer de son salut ; que sera-ce de pousser & de precipiter les autres dans ce gouffre du desespoir, en leur suggerant des sentimens qui arrachent de leur cœur toutes les racines de l'esperance, & qui leur font regarder Dieu plûtost comme un tyran inhumain, que comme un Pere des misericordes & un Dieu de toute consolation.

III.

RENONÇANT donc à tous ces sifflemens du serpent infernal, écoutons les paroles de vie éternelle que la divine Sagesse a prononcées, recevons & embrassons comme une verité de foy que Dieu a dés l'éternité une vraye volonté de nous sauver, & que c'est pour cet effet *qu'il a* Joan. 3.
donné son Fils unique au monde, afin que ceux qui croiront en luy ne perissent point, mais qu'ils ayent la vie éternelle.

IV.

CE divin Sauveur est mort pour 2 Cor. 5.
tous, parce que tous étoient morts.
Il s'est donné en Redemption pour tous. 1. Tim. 2.
Nous avons en luy un puissant Avocat 1. Joan. 2.
auprés du Pere celeste, qui s'est offert comme une hostie de propitiation pour nos pechez, & non seulement pour nos pechez, mais aussi pour les pechez de tout

le monde. Ce ſont deux grands Apôtres qui nous rendent témoignage de ces veritez ſi importantes, & ſi propres pour relever & affermir nos eſperances & pour nous exciter à la reconnoiſſance envers un ſi aimable Redempteur.

V.

PUiſque Dieu veut que tous les hommes ſoient ſauvez, il leur donne par conſequent, à tous, les moyens de ſe ſauver, & les graces neceſſaires & ſuffiſantes pour obſerver ſa Loy, & pour faire des œuvres meritoires de la vie éternelle. Et dautant que leurs pechez les en rendoient indignes Jeſus-Chriſt a offert ſes larmes, ſes prieres, ſon ſang, & ſa mort, pour leur obtenir ces graces, enſorte que par ſes merites, tous les hommes reçoivent tous les ſecours & toutes les aſſiſtances exterieures & interieures qui leur ſont neceſſaires pour operer leur ſalut. Et bien que ces graces & ces aſſiſtances que Dieu élargit aux hommes ſoient fort differentes, & qu'il en donne aux uns de plus abondantes & de plus ſpeciales qu'aux autres, tous neanmoins en reçoivent de tres-suffisantes pour éviter la damnation & pour se sauver.

VI.

MAis comme Dieu veut sauver les hommes par des moyens où il fasse paroître sa misericorde & sa justice, & qui soient convenables à la nature des hommes qui ont un libre arbitre, ensorte qu'étant prevenus & excitez par la grace, ils y cooperent librement, & que par ce moyen ils fassent de bonnes œuvres meritoires de la vie éternelle : pour cela il a voulu que ces graces fussent telles, qu'étant offertes à la volonté de l'homme, elle pût les recevoir, ou les rejetter, y consentir, ou n'y pas consentir. Ce qui est si vray qu'il peut arriver,& qu'il est en effet arrivé, que les uns rejettent les graces avec lesquelles les autres se convertissent, & se sauvent : ou bien que les uns employent ces mêmes graces plus utilement, & plus fructueusement que les autres.

VII.

CEux toutefois qui consentent aux graces, & qui en font un

bon uſage, n'ont aucun ſujet de s'en glorifier, mais ils en doivent rendre toute la gloire à Dieu, comme au contraire les autres qui les negligent, & qui n'y cooperent pas, & qui pour cela ſe perdent & ſe damnent, doivent reconnoître que la cauſe de leur faute, & de leur perte, vient ſeulement & uniquement de leur propre malice, & de la mauvaiſe diſpoſition de leur volonté, & non d'aucun manquement de la grace.

VIII.

ENnfin Dieu a un tel deſir de ſauver les hommes, qu'ayant commencé de les aider de ſes graces, il ne deſiſte point de leur continuer ſes charitables aſſiſtances, & ne les delaiſſe jamais, ſi eux-mêmes par leur propre malice & perverſité ne le delaiſſent : enſorte qu'étant ainſi prévenus, excitez & ſoutenus de ſes graces, ils peuvent, s'ils veulent, perſeverer en l'état de justice & de ſainteté juſques à la mort, & par ce moyen obtenir la vie éternelle.

www.ingramcontent.com/pod-product-compliance
Ingram Content Group UK Ltd.
Pitfield, Milton Keynes, MK11 3LW, UK
UKHW022119260726
13993UKWH00003B/1105

9 782329 395715